AF311610

VENTE DU LUNDI 9 AVRIL 1888

HOTEL DROUOT, SALLE N° 3

A deux heures.

TABLEAUX ANCIENS

FORMANT LA COLLECTION

De M. H. WIRZ, consul à Bâle (Suisse)

TABLEAUX ANCIENS

DESSINS, AQUARELLES, GOUACHES

Dépendant de la Collection de M. X.

EXPOSITION PUBLIQUE

LE DIMANCHE 8 AVRIL 1888

De une heure à cinq heures.

COMMISSAIRE-PRISEUR	EXPERT
Mᵉ Paul CHEVALLIER	**M. Eug. FÉRAL, peintre**
10, rue de la Grange-Batelière.	54, rue du Faubourg-Montmartre.

IMPRIMERIE D. DUMOULIN & Cie

Rue des Grands-Augustins, 5, Paris.

CATALOGUE

DE

TABLEAUX ANCIENS

ŒUVRES DE

D. VAN BERGEN, HAKKERT, CUYP,
DROOGSLOOT, FLINCK GYSEN, MIERIS, MOLENAER, RING,
VERKOLJE, ETC.

Important Triptyque attribué à HANS BURGKMAYR.

FORMANT LA COLLECTION DE M. H. WIRZ, CONSUL A BALE (SUISSE)

TABLEAUX ANCIENS

DESSINS, AQUARELLES ET GOUACHES

Dépendant de la Collection de M. X.

DONT LA VENTE AURA LIEU

HOTEL DROUOT, SALLE N° 3

LE LUNDI 9 AVRIL 1888

A deux heures

COMMISSAIRE-PRISEUR	EXPERT
Mᵉ PAUL CHEVALLIER	M. E. FÉRAL, peintre
10, rue de la Grange-Batelière	Faubourg-Montmartre, 54

Chez lesquels se trouve le présent Catalogue.

EXPOSITION PUBLIQUE : Le Dimanche 8 Avril 1888,
De une heure à cinq heures.

CONDITIONS DE LA VENTE

La vente sera faite au comptant.

Les acquéreurs payeront cinq pour cent en sus des enchères.

DÉSIGNATION

TABLEAUX ANCIENS

BERGEN (Dirck van)

— *Animaux au repos.*

Des vaches, des chèvres et des moutons se reposent sous la garde d'une petite bergère que l'on aperçoit au second plan, assise au pied d'un arbre. Dans le fond, une chapelle en ruine, au sommet d'une colline.

Beau tableau de l'artiste.

Toile. Haut., 5o cent.; larg., 65 cent.

BLOOT (Pieter de)

2 — *Un Jour de Fête.*

De nombreux villageois sont installés dans la cour d'un cabaret ; les uns jouent aux boules, les autres, assis autour des tables, causent ou boivent.

Bois. Haut., 41 cent.; larg., 13 cent.

BURGKMAYR (attribué à HANS)

3 — *Triptyque représentant différentes scènes de la Passion.*

Le panneau du centre représente le Crucifiement ; à gauche, la Vierge évanouie soutenue par les saintes femmes. A droite, les bourreaux.

Le volet de gauche représente le Christ montant au calvaire et le Crucifiement.

Le volet de droite, le Christ mis au tombeau et la Résurrection.

Œuvre importante, sur bois.

Le panneau du milieu mesure : Haut., 2 m. 20 ; larg., 1 m. 49.
Les volets ont chacun 2 m. 20 de hauteur sur 67 c. de largeur.

CUYP (BENJAMIN)

4 — *Le Concert.*

Dans un intérieur rustique, des hommes chantent et boivent ; l'un d'eux joue du violon, un autre de la flûte.

A droite, différents objets posés à terre tels que tonneau, réchaud, vase en cuivre jaune, etc.

Très bon tableau, d'une remarquable franchise d'exécution.

Bois. Haut., 55 cent., larg., 77 cent.

CUYP (J.-G.)

5 — *Portrait d'un Gentilhomme.*

Il est debout, vu jusqu'aux genoux, la tête de trois quarts à droite ; moustache et cheveux blonds, vêtement en soie noire et collerette plissée. La main gauche sur la hanche, le bras droit pendant.

Bois. Haut., 1 m. 05 cent.; larg., 78 cent.

DROOGSLOOT (J.-C.)

6 — *La Rue d'un village.*

Sur le devant, une femme vue de dos cause avec quelques villageois ; vers la droite, des mendiants se pressent à la porte d'une habitation où se fait une distribution d'aumônes. Au second plan, quelques arbres au dessus desquels s'élève le clocher de l'église.

Très bon tableau de l'artiste, d'une jolie couleur et d'une remarquable finesse.

Bois. Haut., 49 cent.; larg., 70 cent.

FLINCK (Govaert)

7 — *Portrait de jeune femme.*

Elle est vue jusqu'à la ceinture, tenant une lance ; vêtue d'une robe bleue décolletée, avec agrafe sur la poitrine ; riche collier autour du cou.

Bois. Haut., 80 cent.; larg., 65 cent.

GYSEN (Pieter)

8 — *Le Garde-manger.*

Un poulet plumé, un morceau de porc, des oiseaux en brochette, des fruits et des légumes sur une table en partie couverte d'une serviette.

A gauche, un chat emportant un oiseau.

Toile. Haut., 79 cent.; larg., 1 m. 02 cent.

HAKKERT (Jean)

9 — *Paysage accidenté.*

Au centre, un bouquet d'arbres, au bord d'un chemin où se trouve un chasseur suivi de ses chiens. A droite, un cours d'eau traversé par un pont. Vers le fond, un château au sommet d'une haute montagne.

Toile. Haut., 41 cent.; larg., 52 cent.

MARTIN DES BATAILLES

10 — *Le roi Louis XIV.*

Il est monté sur un cheval qui se cabre et tient à la main le bâton fleurdelisé du commandement.

Toile, Haut., 55 cent.; larg., 44 cent.

MIERIS (attribué à W.)

11 — *Jeune femme à sa toilette.*

Elle est debout, vue jusqu'aux genoux, devant une table ; vêtue d'une jupe foncée avec corsage de satin blanc décolleté ; un manteau de velours rouge, doublé d'hermine, est posé à côté d'elle.

Au second plan, une négresse tenant un coffret.

Bois. Haut., 31 cent.; larg., 25 cent.

MOLENAER (Cornelis)

12 — *Le vieux château.*

Il est sur la gauche, surmonté d'une tour en ruine.

Au second plan, une auberge devant laquelle sont arrêtés des chariots chargés de villageois.

Ce tableau provient de la collection de Mme la comtesse Jenny Eszterhazy.

Bois, à angles coupés. Haut., 27 cent., larg., 38 cent.

RIBERA (genre de)

13 — *Vieillard taillant sa plume.*

Toile. Haut., 1 m. 20 cent.; larg., 90 cent.

RING (L. Tom)

14 — *Famille hollandaise.*

Les époux sont assis, vêtus de riches costumes de soie noire; le mari tient un livre, la femme, un bijou, une main posée sur sa poitrine; à droite, une fillette vêtue de blanc, les mains jointes. — Fond de paysage avec sujets religieux.

Belle peinture, d'une remarquable conservation.

Bois. Haut., 98 cent.; larg., 1 m. 50 cent.

SAVERY (Roland)

15 — *Paysage agreste.*

Une rivière; au centre, des rochers couverts d'arbustes; sur le devant, trois femmes lavent du linge.

Fine peinture, sur cuivre.

Haut., 16 cent.; larg., 21 cent.

STOOP (Dirck)

16 — *Bataille.*

Des cavaliers s'attaquent au premier plan, l'un deux
décharge son pistolet sur un porte-drapeau. La bataille
s'étend vers la droite, au pied de quelques collines qui
ferment l'horizon.

Bois. Haut., 63 cent.; larg.. 90 cent.

VERKOLJE (Nicolas)

17 — *Intérieur de corps de garde.*

Des soldats assis causent et jouent aux cartes avec deux
jeunes femmes; l'une, au centre, a sur ses genoux une
chaîne d'or qu'elle paraît avoir gagnée au jeu. A droite, des
coffres, des drapeaux, une grosse caisse, des cuirasses, etc.
Important tableau de l'artiste. Signé.

Toile. Haut., 63 cent.; larg., 82 cent.

ZORG (Hendrik-Martenz ROKES, dit)

18 — *Deux joyeux Buveurs.*

Ils sont assis dans un cabaret, l'un joue du violon,
l'autre chante tenant un verre; différents objets sont posés
près d'eux; au second plan, une porte ouverte et un garçon
cabaretier se disposant à sortir.

Cuivre. Haut., 20 cent.; larg., 27 cent.

*

ÉCOLE FRANÇAISE

19 — *Le repos dans le parc.*

Gracieuse composition de douze figures.

Toile. Haut., 77 cent.; larg.,?98 cent.

TABLEAUX MODERNES

CICERI (Eugène)

20 — *Arbres et rochers.*

Forêt de Fontainebleau.
Signé à droite et daté 73.

Bois. Haut., 5o cent.; larg., 65 cent.

JUNDT (G.)

21 — *Vue de Suisse.*

Au centre, une jeune femme avec trois enfants; au second plan, un troupeau de chèvres.
Signé à droite.

Toile. Haut., 51 cent.; larg., 65 cent.

THIRION (Eug.)

22 — *Petits Italiens jouant au bord d'une mare.*

Signé à droite.

Toile. Haut., 46 cent.; larg., 8o cent.

TABLEAUX ANCIENS

DESSINS, AQUARELLES ET GOUACHES

Formant la Collection de M. X...

BERGHEM (d'après)

23 — *Marche d'animaux dans un paysage.*

Gravé par Godefroy, sous la dénomination de : Retour
à la ferme.

BLARENBERG (attribué à VAN)

24 — *Port de mer.*

Sur le devant, des galères et de nombreuses embarca-
tions. Au fond, la ville fortifiée.

Des rinceaux et une couronne de feuillages, peints en
grisaille, encadrent le sujet.

BOILLY (d'après Louis)

25 — *Les Grimaces.*

BRANDT

(DEUX PENDANTS)

26 — *Paysages montueux, avec rochers et cours d'eau.*

BREUGHEL (Pierre)

27 — *Une Kermesse.*

Importante composition, animée par une multitude de personnages.

COLLIER (E.)

28 — *Nature morte.*

Instruments et livres de musique.
Signé E. Collier fecit.

DUC (attribué à JEAN LE)

29 — *Intérieur de corps de garde.*

DUGHET (GASPARD), dit le Guaspre Poussin

(DEUX PENDANTS)

3o — *Paysages historiques, avec fabriques et ruines.*

Manière du Poussin.

DURAND

(QUATRE PENDANTS)

31 — *Les Danseurs.*

Miniatures sur vélin.
Signées et datées 1652.

DROLLING (MARTIN)

32 — *La Blanchisseuse.*

Fin petit tableau.
Signé.

EVERDINGEN (attribué à)

33 — *Paysage montueux, rochers, chute d'eau.*

Quelques personnages sur le devant.

FAVRAY (attribué au chevalier)

34 — *Une Maison de jeu, sous Louis XV.*

GILLOT (Claude)

35 — *Les Singes médecins.*

Fine et spirituelle composition formant deux sujets sur la même toile.

HÉRAUT (Charles)

36 — *Portrait du chevalier de Veʒelay, mort à 21 ans, d'après une inscription au revers du tableau.*

Cadre en bois sculpté. Toile ovale.

JANNECK

37 — *Le Marché conclu.*

Fin petit tableau, rappelant les œuvres de Platzer.

LEPEINTRE (C.)

38 — *Portrait de Mozart, devant son cla-*
vecin.

Ce tableau a figuré au Salon de 1798.
Signé au bas, à gauche.

MARTY

39 — *Chanoinesse écrivant sous l'inspiration*
de la Vierge.

Signé.

METZU (genre de G.)

40 — *Le Liseur.*

Sujet connu sous ce titre.

MIEREVELT (M.-J.)

41 — *Portrait d'un prince d'Orange.*

Signé à gauche.

MIERIS (attribué à)

42 — *Le Déjeuner d'huîtres.*

Sujet gravé.

MIGNARD (attribué à)

43 — *Portrait présumé de Mme la marquise
de Maintenon.*

POEL (Egbert Van der)

44 — *Incendie d'un village, la nuit.*

POUSSIN (École du)

45 — *Monuments en ruines et personnages.*

RIBERA (genre de)

46 — *Vieillard portant une besace.*

RIBERA (genre de)

47 — *Vieillard tenant une épée.*

RYCKAERT (DAVID)

48 — *L'Alchimiste.*

Il est assis auprès de son fourneau ; un jeune garçon verse un liquide dans un creuset.

A gauche, une femme âgée tenant un livre ; près d'elle, différents ustensiles.

ROMEYN (VAN)

49 — *Animaux au repos.*

Des vaches et des moutons couchés au bas d'un monticule ; au-dessus, d'autres animaux auprès d'une bergère qui tient une quenouille.

ROOS DE TIVOLI

5o — *Paysage italien, palais, cours d'eau, personnages, etc.*

THIERRY

5i — *Nature morte.*

Une sphère, des instruments de musique, des bijoux, des livres, des fleurs, le tout sur une table recouverte d'un tapis. Signé.

TORENVLIET

(DEUX PENDANTS)

52 — *Le Droguiste et l'Amateur de coquillages.*

ULYSSE

53 — *Le Cabaret.*

Deux soldats jouent aux dés; une servante est auprès d'eux.

VALENTIN

54 — *Un seigneur et sa femme rencontrent une famille de Bohémiens.*
Pendant qu'ils leur font l'aumône, un enfant vole leur bourse.

VAN LOO (École de)

55 — *Portrait de femme.*

VERNET (JOSEPH)

56 — *Incendie d'une ville proche de la mer, pendant la nuit.*

Des hommes emportent leurs bagages, des femmes leurs enfants.

Signé à gauche et daté: Romæ, 1748. A figuré au Salon de 1748, à Paris.

ZURBARAN

57 — *Le Mariage mystique de sainte Catherine.*

Provient de la collection du marquis Aguado.

ÉCOLE ALLEMANDE

58 — *Nature morte.*

Un missel gothique ouvert. Sur la marge du livre, deux lettres, S.S., probablement les initiales du peintre.

ÉCOLE FLAMANDE

59 — *La Cène.*

Au bas, signature illisible.

ÉCOLE FRANÇAISE

60 — *Portrait de femme, en costume Louis XVI.*

ÉCOLE HOLLANDAISE

61 — *Portrait d'une dame, en robe noire avec fraise, tenant une rose.*

ÉCOLE ITALIENNE

62 — *Ruines italiennes.*

Ces deux peintures rappellent la manière de Servandoni.

INCONNU

63 — *Pan et Syrinx au milieu de roseaux.*

64 — *Treize peintures à l'huile, dans un seul cadre.*

Fac-similé d'autant de camées de la collection de la Bibliothèque nationale.

DESSINS, AQUARELLES

ET GOUACHES

BAZIN de la BEUTYNAIS

65 — *Episode de la guerre d'Italie.*

Gouache.

BOILLY (Jules)

66 — *Vue du Pont-Neuf et de la statue d'Henri IV.*

Scène tirée du *Tableau de Paris*, de *Mercier.*

BOUCHER (attribué à F.)

67 — *Huit dessins, à la sanguine.*

Exécutés pour Mme de Pompadour, qui les a gravés à l'eau-forte pour un recueil intitulé : *Suite d'Estampes gravées par Mme de Pompadour, d'après les pierres gravées de J. Guay, graveur du Roi.*

BRUSTOLINI

68 -- *Modèle de fontaine antique.*

Dessin à la plume.

COCHARD (A.)

69 — *Portrait de l'artiste.*

Juillet 1770.
Ce dessin a été gravé.

FRANCKAERT

70 — *Le Chien du régiment, d'après H. Ver-*
net.

Dessin exécuté en lithographie.

GUARDI

71 — *Vues de Venise :*

La place Saint-Marc.
Le pont du Rialto.
Le quai des Esclavons.
Trois aquarelles gouachées.

HOVE (Van)

72 — *Un Intérieur hollandais.*

Aquarelle gouachée. Signée.]

HUET (J.-B.) fils

73 — *48 dessins, à la mine de plomb.*

Représentant des animaux, exécutés pour être gravés dans un ouvrage publié au commencement du siècle et intitulé : *Les Animaux du Jardin des Plantes.*

HUYSUM (Van)

74 — *Vase de fleurs.*

Aquarelle.

JACOB (d'après Lebarbier)

75 — *Bacchus et Mercure.*

Deux dessins à la mine de plomb sur parchemin, pour 'illustration des *Lettres à Émilie sur la mythologie.*

JAQUOTOT (Victoire)

76 — *Trois dessins, à la mine de plomb, sur parchemin, faits pour la Manufacture de Sèvres.*

LAUR

77 — *Dessin au crayon noir, d'après un tableau de Mieris.*

Signé et daté 10 juillet 1797.

LECENNE

78 — *Sujets romains.*

Deux dessins, au crayon noir, rehaussés de blanc.

LEFEBVRE (Clémence)

79 — *Atala au tombeau, d'après Girodet.*

Signé et daté 1825.
Exécuté pour la lithographie.

LELU (Pierre)

80 — *Architecture et ruines.*

Dessin à la plume.

MIND (G.)

81 — *Chatte et ses petits.*

Dessin au lavis.
Signé.

PETITOT

82 — *Entrée triomphale de Napoléon Ier,
à Vienne.*

Dessin au crayon noir.

PAGNA (P.)

83 — *Portrait de l'artiste.*

Dessin à la plume et au bistre.

PUJOS (A.)

84 — *Portrait de d'Alembert,* 1775.

Dessin au crayon noir.

SCHALL

85 — *Baigneuses.*
Dessin à la sanguine.

SCHENAU

86 — *Esther et Assuérus.*
Signé et daté 1779.
Dessin au lavis.

SCHENAU

87 — *Jeux d'enfants.*
Dessin à la sanguine.

SNYDERS (F.)

88 — *Nature morte.*
Un lièvre, un homard et des fruits sur une table.
Dessin à la plume.

TAUNAY

89 — *Le Coup de foudre.*
Dessin.

UDINE (Giovanni da)

9o — *Architecture, ruines.*

Dessin à la plume.

VAN LOO

9i — *Portrait de femme, en Diane.*

Dessin à la sanguine.

VERKOLJE (N.)

92 — *Portrait de l'amiral hollandais Van Tytel, comte de Munich.*

Dessin à l'encre de Chine ; a été gravé.

VERNET (Carle)

93 — *Vue d'une habitation et d'un parc.*

Dessin à la sépia. Signé.

WEISS (Martin)

94 — *La Cathédrale de Strasbourg.*

Dessin à la plume. Signé; a été gravé.

WILLE

95 — *Dessin à l'encre de Chine, exécuté pour
la gravuré faite par Wille d'un tableau
de Netscher, intitulé :* le Petit physicien.

INCONNUS

96 — *Portrait de Marivaux, gravé pour
servir de frontispice à une édition des
œuvres de ce poète.*

Plume et encre de Chine.

97 — *Vue du château de Saint-Cloud,* 1749.

Plume et lavis.

98 — *Portrait du duc de Saint-Simon, gravé
pour une édition des œuvres de cet
historien.*

Sépia.

99 — *Modèle de plafond, style Louis XIV.*

100 — *Figures allégoriques pour la décora-
tion d'une salle à manger.*

Quatre dessins au crayon noir.

101 — *La Vierge et l'Enfant Jésus.*

Pierre d'Italie.

102 — *Le Savetier, d'après Téniers.*

Sanguine.

103 — *Sujets romains.*

Exécutés pour être gravés dans la collection du duc d'Orléans.

Deux dessins gouachés.

104 — *Nature morte.*

Fruits, fleurs et objets divers.
Deux gouaches.

105 — *Femme à genoux pleurant.*

Sanguine.

106 — *Tête de la Vénus de Médicis.*

Sanguine.

107 — *Modèle de fontaine, genre Renaissance.*

A l'encre de Chine et gouache.

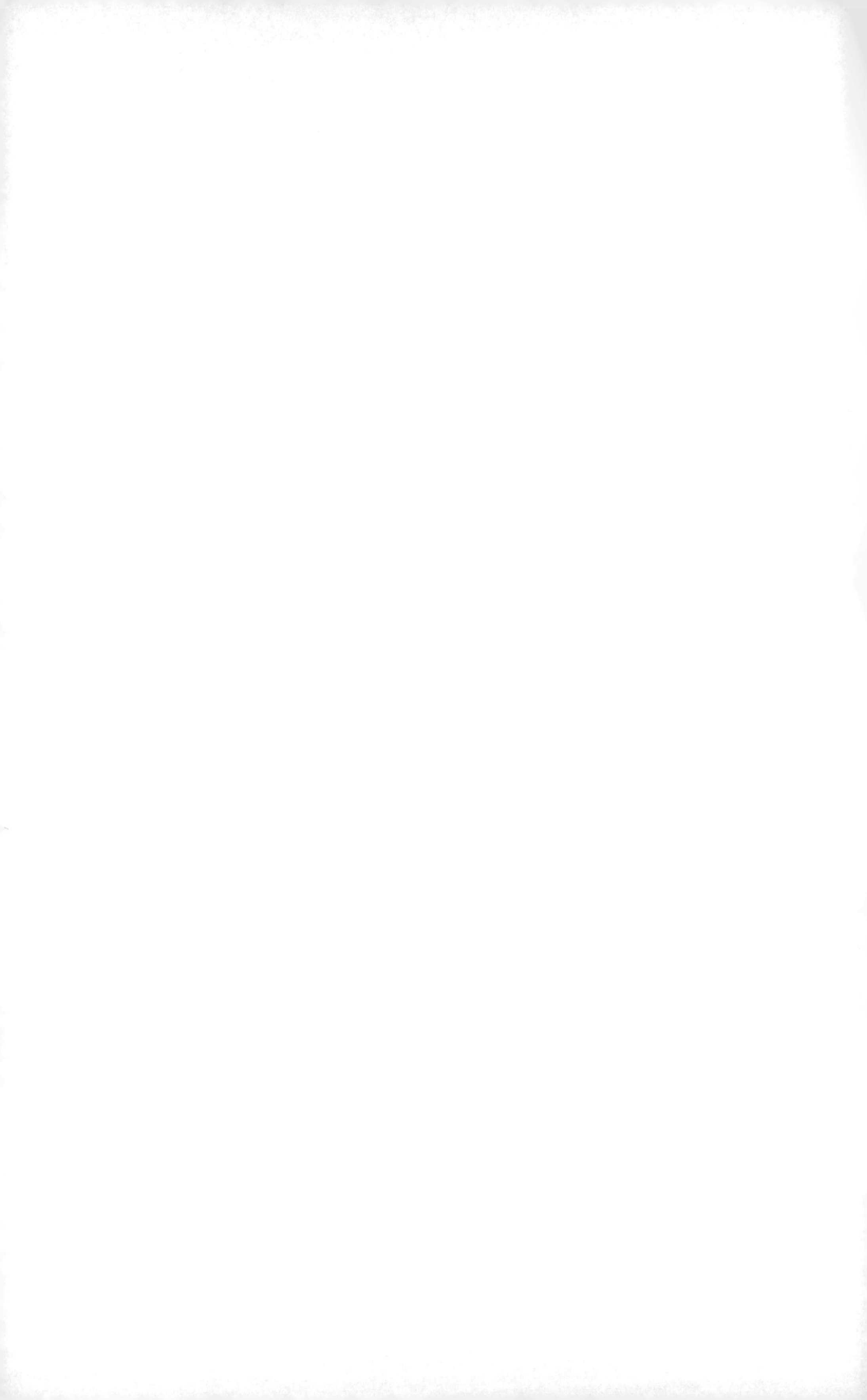